譲《ゆずり》 西賢《さいけん》

暮らしに役立つ
真宗カウンセリング術

法藏館

暮らしに役立つ真宗カウンセリング術　目次

凡例

一、引用文献、および本文の漢字は、常用漢字のあるものは、常用漢字を使用した。

一、引用文献は、以下のように略記する。

『真宗聖典』……………………………「聖典」

『真宗聖教全書』…………………………「真聖全」

暮らしに役立つ真宗カウンセリング術

一、人間の心の健康

一　日常性への適応と日常性からの脱却

毎日、お父さんとお母さんは、家族を養うために職場でお仕事です。そこでは、けっして楽しいことばかりではありません。上司からの高圧的な指示、理不尽なお客さんからの要求など、腹の立つことだらけです。でも、お給料をもらうためには、その場は我慢するしかありません。職場という日常性に適応しているお父さんとお母さんは、どれだけ腹が立っても、その場は愛想笑いと頭礼で引き下がるのです。

その日のお仕事が終わると、昼間に腹が立って我慢したお父さんは、すぐには家に帰れません。仲良しで信用できる同僚を誘って、居酒屋で一杯です。「ちょっと聴いてくれよ。今日の身勝手なお客どう思う。あんな身勝手ないよなあ……」。

お母さんは、家へ帰ってお父さんの帰りを待ちわびます。お父さんの顔を見るなり、「ちょっと聴いてよ。私の上司の部長がね、私の都合もきかないで今日中に仕上げろと書類押しつけてくるのよ。いつもそうなんだから……」と、昼間我慢したことを、「ここなら大丈夫、この人ならわかってくれるから大丈夫」という所で吐き出しているのです。

学校に通う子どもは、毎日お勉強です。そこでも毎日楽しいことばかりではありません。宿題を忘れると先生に叱られ、休み時間には友だちからからかわれます。でも、学校という日常性に適応している子どもは、反抗してはいけない、喧嘩してはいけないことを知っていますから、じっと我慢します。

学校から帰宅すると、お母さんの顔を見てその子は、「お母さん聴いてよ。今日、私がうっかり宿題を忘れたら、先生は私の事情もきかずに叱るのよ。それを見て、友だちは、私をからかうし、くやしくてねえ」と、昼間我慢したことをお母さんに吐き出すのです。

私たちにとって、職場や学校という社会、日常性で望ましく行動し適応することはとても大事なことです。でも、社会生活は、けっして思い通りのことばかりではありませんから、日常性に適応するということは、必ず我慢してストレスを感じることになります。ストレスのない日常性への適応はないといっても過言ではないと思います。心の健康な人は、このストレスを早いうちに吐き出せるのです。ここなら大丈夫、この人なら大丈夫という限定された場で、吐き出し受け止めてもらってスッとするのです。

二　カタルシス

カウンセリングを求めてこられる人や、カウンセリングといわなくても、とにかく聴いてほしいと思ってカウンセラーを訪ねる人は、日常生活では懸命に適応し、疲れ、ストレス、緊張を蓄積しておられる方々です。それらをどこにも表出できないから、カウンセリングを求められるともいえます。心が健康な人は、日常生活のなかで生じた緊張、ストレス、疲労などを長時間蓄積することなく、どこかで誰かにそれらを表出しておられます。そのときに表出される感情は、一般社会には受け入れられない、うさ晴らしの感情です。上司への不満や愚痴、同僚への批判、自分や家族の自慢など、一般社会の人にはけっして聞かせられない汚い感情です。この汚い感情表出のウサ晴らしは、この人なら大丈夫という身近に信頼できる特定の人に対してなされ、その人にこの醜い感情を受容されて達成されます。この感情をそのまま無条件に受容されるから、日常の疲れ、ストレス、緊張を解消し、また翌日も元気に日常性と向かい合っていけるのです。

こうした日常の社会生活では表出できない汚い感情表出、うさ晴らしを、「日常性からの脱却」と私は表しています。日常での仕事や生活が、どんなに厳しくストレスや緊張を感じるものであっても、この日常性からの脱却が適切になされていれば、人間の心は健康的に維持されます。むしろ、日常の社会はストレスや緊張が存在しているのが普通ですから、この日常性から脱却できる時間や空間を身近な人との間で確保し、無条件にそれらの感情が受容されているかどうかが、心の健康には重要なことなのです。

心のうさを晴らし、ストレスを解消することを、カタルシスといいます。カタルシスとは、精神分析の用語で、人間が無意識にしまい込んで表出できなかった感情を意識化して、感情を表出し解放することをいいます。一般には、浄化と訳しています。日常性から脱却する状況では、カタルシスできることが重要です。一般社会では否定される感情を、日常性から脱却できる状況で、吐き出し、身近な人に受容されることが、心の健康にはとても大切です。

三　いい子の危なさ

悲しいときは、涙流して泣けるから悲しみが癒されます。人前では誰でも泣けるわけではありませんが、家族の前で大泣きできれば悲しみが癒されるのです。悲しい家族の葬儀でも、人前では泣けなくても、家族だけの状況では号泣できるご遺族は、その後早く立ち直ることが多いことを、中陰のお勤め等を通して、何度も私は経験しています。ご家族の不幸な最期と遭遇され、心的外傷といえる大きなショックを受けられたご遺族は、ご家族だけでおられる状況でも泣くこともできず茫然自失、無表情であられることが多いようです。当然のことながら、このご遺族の方が、立ち直られるのに多くの時間が必要です。

カウンセリングを必要とされる方は、幼児期までさかのぼって尋ねてみますと、幼稚園や学校や職場などの日常性のみならず、家庭や仲間うちなど日常性から脱却することが期待される状況でも、自己の感情を表出できず、あるいは表出できてもその感情を受容されない環境の中で、長時間暮らされた経験が多いようです。

幼児期からいわゆる「いい子」といわれる人は、幼稚園や学校のみならず家庭においても自己の感情を表出しないで、親や周囲の人の顔色を窺いながら我慢をして、ストレスを重ねた子といえます。親への反抗や否定的感情を示したら自分が非難されると思うから、自己の感情を表出できないのです。

また、非行少年といわれる子は、家庭においても親にいろいろ訴えても受容してもらえず、「親は、どうせわかってくれない」と、親にさえも心を閉ざし、日常性から脱却できなくなってしまった人が多いようです。

また、完全性を求め何事も潔癖にこなそうとする人は、それゆえ自己否定感情を感じやすく、他者を不快にしてはいけないという判断から、自己否定感情をいかなる状況でも表出できず、ストレスを解消することができなくなってしまった人が多いようです。

「いい子」と思われていた子が、突然、残虐な行為や傷害事件を起こすのは、日常生活が「いい子」でカタルシスできなかったことから、そのストレスを解消するための一種のカタルシスなのです。ですから、大爆発的なカタルシスを必要とするストレスにならないように、日常生活では、その時、その場の感情を表出できることが必要なのです。

この点において、家族・仲間・寺院の果たす役割はとても大きいものがあります。社会での生活は、学校であれ、職場であれ、近所付き合いであれ、程度の差はあるにしても、必ずストレスがあります。毎日、家庭の外で感じたストレスを、お互いに表出し、受容し合い、癒し合えることが、家庭であり家族の機能です。社会では吐き出せない醜い感情も、家族の中では吐き出せ、家族によって受容され、癒され、励まされるから、翌日元気な朝を迎えることができるのです。

あるいは、親友を得ることによって、誰にも話せない感情を親友に表出し、受容され、元気を維持することもできます。また、家族や親友がいなくても、趣味に没頭することによって、ストレスを解消することもできます。日常生活の中で、多くの人は、家族や親友、趣味などによって、ストレスを表出し解消することができているのです。

これに対して、カウンセリングを求める人は、ストレスを解消できる環境をもたない人ということができます。日常生活で解消できれば、カウンセリングは必要ありません。カウンセリングを求める人を、クライエント（来談者）といいます。ですから、カウンセリングにおいては、クライエントが、ストレスを感じる日常生活から脱却した環境を作り出すカウンセラーの態度が必要です。日常生活と同様の我慢や心がけが必要なカウンセリングは、カタルシスを促すことはできません。

二、予防的カウンセリング

一　予防的カウンセリングの意義

アメリカのコミュニティ心理学者、G・キャプランは、心理臨床の専門家が一般の人に対して果たすべきサービスを、第一次援助サービス、第二次援助サービス、第三次援助サービスに分類しています。

第一次援助サービスは、コミュニティの人々全員になされる、啓発や注意喚起などの援助サービスです。第三次援助サービスは、何らかの診断が必要な精神的疾病や症状を示す人たちになされる、治療的援助サービスです。これは、心理臨床の専門家しかできない支援であり、専門家によるカウンセリングです。

これらに対して、第二次援助サービスは、今はまだ健康の域にあるけれども、近い将来に精神的疾病や症状におちいることが危惧される人たちに対してなされる、予防的サービスをいいます。この予防的サービスは、専門家が危惧される人と接して直接援助するのではなく、その人の身近にいる人々、家族や仲間や寺院などを啓発し、その人へ家族、仲間、寺院などが行う支援の後ろ盾となることをさします。

第三次援助サービスとしてのカウンセリングは、専門家しかできませんが、日常生活のなかにあって、必要に応じて日常性から脱却する第二次援助サービスとしての予防的カウンセリングは、家族や仲間、寺院の僧侶が直接行うことができます。本書では、自分の心の健康を維持するために、お互いが日常性から脱却できるように、家族、仲間、寺院の僧侶が、予防的に行うカウンセリングについて説明します。

現代社会は、日常性から脱却できる予防的カウンセリングを担う、家族、仲間、寺院の役割がとても重要になってきています。いや、そうあるべきなのです。どこにも吐き出せない感情を、家族、仲間、寺院だからこそ、無条件に受容することができるのです。したがって、家族、仲間、寺院によるカウンセリングは、精神科医や心理臨床家が行う治療的カウンセリングではなく、日常性の近くにあって日常性から脱却できる予防的機能があることから、継続的に必要なのです。本来なら、一番身近な家族が、生活のなかで、日常性から脱却できるように聴いてくれることが望ましいかもしれません。思春期以降の青年は、家族よりも信頼できる親友が聴いて受容してくれることが望ましいかも知れません。しかしながら、これら家族や仲間がいないとき、あるいは、家族も仲間も共に聴いてほしいときには、寺院の僧侶や坊守（多くは住職の妻）が行うカウンセリングが必要になります。

この家族、仲間、寺院が、予防的に行うカウンセリングが、今日重要になっているということです。寺院では、代表役員である住職のみではなく、坊守によってなされるカウンセリングが、実際にはとても重要です。

では、日常性から脱却し予防的機能をもったカウンセリングは、どのように進められるものなのでしょうか。日常において感情表出ができず、感情表出が苦手であるクライエントであることを考慮する必要があります。クライエントが日常性から脱却して、平生の日常生活では表出できない感情を吐き出せることに目標があります。

二　予防的カウンセリングの実際

予防的カウンセリングを担うカウンセラーには、以下の態度が必要です。第一は、傾聴に徹する態度。第二は、クライエントの感情を無条件に受容する態度。第三は、共感的理解のある態度。第四は、守秘を貫く態度。

カウンセラーのこれら四つの態度によって、クライエントは、日常生活から脱却してカタルシスでき、ストレスから解放され、自己洞察をさらに深めていくことができるのです。

予防的カウンセリングの具体的な方法について、詳しく説明したいと思います。

(一) 傾聴と感情受容

傾聴は、すべてのカウンセリングの基本です。「こちらの知りたいことを訊く（ask）」のではなく、「偶然耳に入ってきたことを聞く（hear）」のでもなく、耳と目と心のすべてをもって、その人がいいたいこと、わかってほしいと願っていることに純粋に集中して、受容的、共感的に聴く（listen）ことを傾聴といいます。傾聴するカウンセラーの態度は、ロジャーズのカウンセラーの三条件（本書五五頁参照）とまったく一致するものです。「カウンセラーが聴いて受容してくれた」とクライエントが感じることによって、日常では表出できなかった感情をクライエントは大いに表出できるようになります。

たとえば、キャッチボールをするとき、キャッチャーが上手にボールを受けてくれると、投げる方は安心して、いろいろな球種のボールを思いっきり投げることができます。ところが、キャッチャーの捕球が下手だと、思いっきり投げることができません。キャッチャーが捕りやすいボールしか投げられません。カウンセリングは、それとよく似ています。カウンセラーは、いかなる感情も上手に受容できなければなりません。受容してくれると思えれば、どんな感情でも、その人には表出できるものです。

(二) アイス・ブレーキング

具体的に話を聴くにあたって、いきなりクライエントの話の本論に入るのではなく、どんなカウンセリングも、アイス・ブレーキングが必要です。アイス・ブレーキングは、文字どおり氷が壊れるということですから、固く凍りついた関係や雰囲気を溶かし、緊張をほぐす会話を意味します。これは、カウンセラーの方から話しかけたほうがうまくいきます。クライエントが、簡単に「そうですね」「はい」と肯定して答えられるように問いかけるとうまくいきます。たとえば、

①「昨日の雨はひどかったけど、今日は晴れてよかったですねえ」「そうですねえ」

②「あなたの大ファンの巨人が優勝してよかったですねえ」「はい」

のように、クライエントが、「そうですねえ」とか「はい」と答えやすい問いかけを投げかけてあげることです。いうまでもないことですが、②の場合は、クライエントが巨人ファンとわかっているときにのみ有効です。このアイス・ブレーキングによって、クライエントはかなりなごんだ雰囲気にひたることができ、話しやすくなります。

「どうしましたか」「なぜですか」など、クライエントが考えて答えなければならない問いかけは、この段階では避けたほうがうまくいきます。

㈢ ペーシング

当然のことですが、傾聴すればクライエントのペースに合わせて聴き、いかなる感情も無条件に受容します。これをペーシングといいます。行動は無条件には受容できませんが、感情はいかなるものも受容できます。日常では、思うように感情表出できないクライエントですから、クライエントのペースに合わせて聴き、表出される感情を無条件に受容することによって、クライエントはやっと話せるようになるのです。カウンセラーはゆったりとした気持ちで、どんな内容を、どのようにどこまで話すかはクライエントにまかせ、クライエントのペースに合わせて聴いて受容する姿勢がとても重要です。

㈣ 鏡の役割

人間は、自己の外に目を向けて文化を発展させてきました。たとえば、時間的距離は、IT、交通機関などの発達により、驚くほど短縮されました。しかし、自己の内には目が向きません。自分の顔を直接自分の目で見ることはできないように、近いものほど人間は見えません。見えない顔を映し返すのが鏡です。自分の顔を見ることはとても重要だったようで、古代文明ですでに鏡は考案されていました。カウンセリングは、クライエントの心を映し返す意味で、この鏡に譬えられます。鏡は、どんな醜い顔でもけっして割れることなく、そのままを映し返します。カウンセラーは、クライエントの感情をすべて受容して、そのままをクライエントに伝え返すのです。

また、鏡は、映った像に指示することはありません。あるがままに映し返すのみです。カウンセラーは、クライエントの感情に指示することなく、傾聴して、受容した感情をそのままわかりやすく整理して伝え返すのです。鏡から指示されなくても、私たちは、鏡から映し返された像を見て、自分で判断して、顔を洗ったり、髪をセットしたり、化粧したりします。カウンセリングは、クライエントの自然治癒力を信頼し、それを活用してすすめていきます。

ロジャーズは、カウンセリングがとてもうまくいったクライエントから見ると、カウンセラーは「カウンセラーの人格（自分自身の欲求から評価を下し反応する人格としてのカウンセラー）が明らかに不在であるというこの独特な体験」と表現しています。カウンセラーの思いや考え、人格がまったく反映されずに、クライエントの感情だけが整理されてクライエントに伝え返されているということです。ロジャーズは、この感覚をインパーソナリティ（impersonality　無人格）と表現しています。まさにカウンセラーは鏡の役割なのです。

カウンセリングは、クライエントの自然治癒力を大切にしてすすめられますから、カウンセラーの感情や意見などを指示的に話したり押しつけることは、あってはならないことです。伝え返されて、やがてクライエントは、自己の感情と向き合い、洞察をはじめることができるのです。

さらに鏡には、光が必要です。光のない暗闇では鏡は用を成しません。カウンセリングでは、コミュニケーションが必要です。ことばだけではなく、表情、身振り、視線、声の大きさやトーンなどの、ことば以外のコミュニケーション（非言語的コミュニケーション）も利用して、クライエントは感情を表明し、カウンセラーはその感情を受容し、その感情をわかりやすく整理して伝え返すのです。

このように、クライエントの感情を受容して、鏡のように感情をそのまま伝え返すことを、ミラーリングといいます。

三、僧侶のカウンセリング

人間は、日常生活において、一人でいいから自分の感情を無条件に受容して、理解を示してくれる人と出会えると癒されます。カウンセリングを求める人の多くは、日常生活で、その一人と出会えない人ではないでしょうか。ですから、カウンセラーが無条件に感情を受容することが、クライエントにとって、日常性からの脱却による癒しになります。お寺でしばしばお受けする相談の例を示して、日常性から脱却するカウンセリングを説明してみましょう。

一　ご先祖が迷っておられる（例①）

来談者（クライエント）　家の中に次々と問題が生じ、まったくうまくいかないので、ある有名な霊能師さんに診てもらってきました。

カウンセラー　思い通りにいかないことが重なり、不安でたまらなかったのですね。居ても立ってもいられなかったのですね。

来談者　ええ、そうなんです。それで、何代か前の先祖が成仏しないで、迷っているから、こうなっているといわれて、なるほどと思いました。

カウンセラー　ご先祖が迷っておられることが原因といわれ、不幸の原因がわかって、少しホッとした感じなんですね。

来談者　ほんとうにホッとしました。それで、そのご先祖の供養をすればいいといわれたので、今日は、その先祖供養のお願いに来ました。近いうちに、お勤めしていただけないでしょうか。

カウンセラー　迷っておられるといわれたご先祖の供養をすれば、家の中が思い通りにうまくいくようになり、解決すると思っておられるのですね。解決の手立ても見つかって、肩の荷がおりた感じなんですね。

来談者　自分は、会社のリストラによって解雇され、息子はまだ三十代なのに、悪性の病気で休職中なんです。家を十年前に新築し、ローンがまだ残っています。このままでは、この家から出ていかなければいけなくなります。何とかしないといけない。藁をもすがる思いです。ご先祖が迷っておられたことが原因とわかり、ヤッターという感じです。

カウンセラー　先祖の供養によって、そのご先祖が成仏されれば、あなたの仕事も息子さんの病気も好転するにちがいないと思っておられるのですね。解決の手立てが見つかり、ヤレヤレという感じですね。

来談者　私は、職場で以前から上司とうまくいってなくて、上司に嫌われているから、解雇されても仕方ないと覚悟はしていました。

カウンセラー　ご先祖のせいではなく、自分にも問題があったと気づいておられるのですね。もう少し、上司とうまくいっていなかったことについて話していただけませんかねえ。

その後、このクライエント（来談者）は、以前からの上司との軋轢について語り、職場で自分が評価されていないことへの不満を、長々と表明されました。

お寺が先祖の供養を依頼されることは、少なくないのではないでしょうか。宗旨によって、先祖供養への考え方は様々です。肯定的宗旨だからといって、すぐにお勤めをすればいいということではありません。また、否定的宗旨だからといって、門前払いすればいいということでもありません。先祖供養を求められる檀家・門徒さんの苦悩を聞き、その人自身が苦悩する自己の心を洞察することは、不可欠です。さもなければ、肯定的宗旨のお寺で先祖供養を勤めてもらったから、思い通りに事態が変化して解決したということで、本質的な問題は何も解決しないまま済んでしまうかもしれません。事態に変化がなければ、

「あのお寺のお勤めはご利益がない」ということで、済んでしまうかもしれません。あるいは、先祖供養に否定的宗旨のお寺で門前払いされれば、「お寺は、私を救ってくれない」と、仏教から離れてしまわれるかもしれません。

このような例は、先祖供養に肯定的でも否定的でも、どちらの宗旨の寺でも可能なカウンセリングの例です。先祖供養を求められる檀家・門徒さんの感情を、無条件に受容するカウンセラーの対応を示しています。日常生活では、先祖供養をしたほうがいいとか、無駄だとかの会話しかないのではありませんか。心理的課題を先祖に責任転嫁しようとしている自分に気づくことは、お寺が先祖供養をお勤めする可否にかかわらず、必要なのではないでしょうか。

二　元気だった夫が急に死ぬなんて（例②）

来談者　あんなに元気だった夫が、六十三歳で急逝するなんて、未だに信じられない。病院に運ばれた時は、まだ意識があったのに、脳梗塞の疑いで検査しているうちに意識もなくなり、その後一日で亡くなってしまった。病院の医療ミスにちがいない。

カウンセラー　六十三歳でお元気だったご主人が、急逝されるなんて信じられないですよね。亡くなるはずはないから、病院のミスとしか思えないですよね。

来談者　救急車で運ばれてから、すぐ治療してくれればいいのに、検査が先ということで、あちこち連れまわしたから死んでしまった。病院に殺されたみたいなものだ。

カウンセラー　掛け替えのないご主人が、病院までは意識があったのに亡くなってしまったのだから、病院の責任としか思えないよねえ。

来談者　救急車は、一番近い病院へ運ぼうとしてくれたけど、受け入れを拒否されて、あの病院へ搬送することになった。途中渋滞していて、遅れたこともいけない。

カウンセラー　責任は、あの病院だけではないと思っているのですね。

来談者　私は、いつも運が悪い。思い通りにことが運んだことがない。周りの人が、皆幸せに思えて仕方がない。

カウンセラー　自分の周囲の人は、いつも、皆自分より幸せに思えてならないのですね。自分は、いつも貧乏くじを引かされ、不幸な人生としか思えないのですね。

その後、このクライエント（来談者）は、自分の過去を振り返り、自分の人生が不幸の繰り返しであったことを嘆かれました。病院の責任を追及するというより、自分の運の悪さを誰かにわかってもらいたいという自己に、気づかれるようになりました。

夫に急逝され、病院の医療ミスとしか思えない感情を無条件に受容されて、それまでの自分の生活の受け止めかたに気づかれたクライエントです。カウンセラーは、来談者を評価することも分析することもなく、そのときの感情をそのまま明確化し、整理して来談者に伝え返すことに専念しています。このように、あるがままの感情を整理し受容されることを来談者の多くは、日常生活で経験していませんから、このやりとりが、日常性から脱却したカウンセリングなのです。

僧侶が行うカウンセリングでは、僧侶は教義を後ろ盾にしています。それゆえ、その教義によってクライエントを救済しようとするあまり、クライエントに教義を押しつけてしまいがちです。日常生活の事態に、思い悩んでいるクライエントは、まず自分の思い悩んでいる内容と心を受容されなければ、落ち着いて解決への道を洞察することはできません。日常生活では、受容されない悩みや感情をあるがままに受容されて、はじめて自分の心を見つめ、自分の心のあるがままに気づくことができます。この対話による信頼関係は、どのカウンセリングにも不可欠です。

「自分の気持ちを聴いてもらえた」と、クライエントが感じたときに、クライエントは、自分の心をみつめる余裕が生じてきます。このクライエントの心をカウンセラーが気づかずに、真理である教えを諭すことに終始すれば、カウンセリングは成立しません。それどころか、クライエントは、「このお寺で話してもわかってもらえない」と、お寺から離れてしまいかねません。僧侶であるカウンセラーは、教義を諭す前に、来談者の感情を受容する対話が、優先されることを知っているべきです。

三　親身になることのむずかしさ

私は、住職のかたわら大学に勤めています。専攻が臨床心理学で、臨床心理士でもありますので、授業の合間にスクールカウンセラー・スーパーバイザーとして担当地区内の小中学校に出かけ、大学では学生相談、自坊では、門徒さんのカウンセリングを、予防的カウンセリングを心がけて、求めて来られる地域の人々に日々実践しています。

カウンセリングは、日常生活においてストレスに押しつぶされ、どこにもそれを吐き出せず苦悩する人が、日常生活の人間関係等の煩わしさがまったくないカウンセラーと出会うことによって、日常性から脱却した環境を経験し、その環境のなかで、まず日頃表出できないストレスを表出することからはじまる自己再発見、自己実現の過程です。

専門機関でのカウンセリングは、クライエント（来談者）にとっては、日常生活では、まったくかかわりのないカウンセラーによってなされます。ですから、クライエントは、日常性から脱却しやすいカウンセリングです。ところが、一般寺院の僧侶が担うカウンセリングの多くは、クライエントが、門徒や檀家といった顔見知りであり、日常性を少なからず持ち込んでのカウンセリングですから、とてもむずかしい面があります。このことは、教師が学校で、児童・生徒・保護者と行なうカウンセリングについてもいえます。専門機関のカウンセラーよりもむずかしい状況で、カウンセリングをすすめるのですから、僧侶は、その大変さを自覚している必要があります。

また、家族同士で日常性から脱却して、話を聴く場合は、お互いの思いが先に出て、日常性から抜け出しにくくなりがちです。「今日の、この子は、心底まいっているから、じっくり聴いてやらないといけないぞ」と、日常性から脱却して、「家族にしかいえないことだから、じっくり聴いてあげないといけないな」と、気づける家族であってほしいものです。

カウンセリングは、クライエントに共感し、その身になって傾聴すべきであることは誰もが知っています。ところが、日常の関係がカウンセリングに持ち込まれると、親身になって聴くことが難しくなります。一番の例は、親子間や夫婦間でのカウンセリングです。

日常において、親子、夫婦という関係で、互いに期待や不満を感じている者同士が、カウンセリングという状況で出会っても、日常の関係や感情が錯綜してカウンセリングにならないのです。僧侶が、門徒や檀家のクライエントとの間で行なうカウンセリングにおいても、同様のことがいえます。

四　日常生活のしがらみ

先日、大学生の一人娘のことで来談されたご門徒とのカウンセリングで、私はとても辛い立場を経験しました。関東にある大学の四年生で、一人アパート暮らしの娘さんに、最近彼氏ができて、「わが家の一大事」と来談されたのです。よく聴きますと、真面目に大学生活を送り、成績も優秀なのですが、彼氏が関東の有名大学の大学院生で将来研究者を目指しているとのことでした。それで、娘さんも大学院へ進学したいといい出して困ったとのことでした。「関東の大学で一人住まいさせる代わりに、卒業後は、実家に戻って就職し、将来はご先祖の守りをするという約束であったのに、このままでは、家に戻って来ないに違いない。わが家が潰れてしまうから、娘を説得してほしい」という来談でした。

私が勤める大学で、学生の保護者から相談されたのなら、学生本人の気持ちと保護者の気持ちを聴き、それぞれに対して親身になって聴き、親子両者の気持ちを整理し、両者の十分な話し合いを引き出せたと思います。ところが、この事例は、代々私が住んでいる寺の門徒で、祖父母、父母とは旧知の仲です。しかも、この娘さんは、何度もお寺に足を運び、大学入学時には、両親と私の前で、本人もそのつもりで「必ず卒業後には帰ってくるから」と約束していたのです。日常生活で、入学時に立会人として関わっていた私が、カウンセラーとして、ご門徒と娘さんの双方に、親身になって聴くことは、簡単なことではありませんでした。それは、以下に記しますように、私の心の中に、日常のご門徒さんとの関係を優先するのかカウンセリングの役割を貫くのかという葛藤が生じた故のむずかしさだったと思います。

このご門徒は、困ったといいながらも、私に「住職として娘を説得してほしい」ということが、一番の要望でした。私は、けっして平常心でカウンセリングできたとはいえませんが、自分自身の中の葛藤に気がついていましたから、このご門徒に対して「気持ちは十分わかりましたよ」と伝えた上で、娘さんに会わずして何も進められないから、娘さんと会う機会をつくってもらうように申し入れました。その時には、「娘さんを説得するのではなく、娘さんの気持ちを聴くためですよ」と念を押し、後日、娘さんとお会いしました。

娘さんは、大学院進学、彼との将来のこと、家の跡を継ぐことは、今は別々のことであり、四年生の今は、大学院に合格できるよう静かに勉強させてほしいとのことでした。

カウンセリングは、クライエントの自然治癒力を引き出し、クライエントが自己の感情を整理し、洞察して、確信をもって歩ける道を発見し歩きはじめることを支援する心理療法です。その達成のためには、カウンセラーは、クライエントの自然治癒力を信じて、共感して聴き、クライエントの感情を受容して、伝え返すことが大切です。

しかし、この事例のように、日常においてクライエントとカウンセラーの関わりがあると、カウンセラーは、必ず、日常の影響を受けてクライエントに対応します。この場合、私にはいろいろな想いが浮かんでいました。想いを浮かべながら聴いていますから、傾聴ではありませんでした。「確かに、約束を聞いているから、卒業後は、大学院よりも地元へ帰って就職すべきだと娘さんを説得すべきだ」「祖父母も帰宅を願っているから、帰宅を説得すべきだ」「このまま行けば、この家は後継者がいなくなり、途絶えてしまうから、帰宅を説得すべきだ」「この人の心は、娘を戻すことに固まっているのだから、お寺への信頼を保つためにも、娘さんを説得すべきだ」などと、日常生活でかかわりがなければもっと純粋に聴けるはずなのに、クライエントの感情を受容するより先に、日常の私とクライエントの関係のなかで生じる私自身の感情を優先して聴いていたのです。ですから、この受け止めは、けっしてクライエントに親身になり、共感的に聴いていたとはいえません。

五　カウンセラーの葛藤

もちろん、そのことに気づいている私ですから、「私が答えを出して、説得することではないから、娘さんの気持ちをまず聴くことが必要だ」「よく知っている門徒さんだから、日頃の関係に引きずられると間違うから、冷静に客観的に」「ご門徒の家が途絶えることは、自分の寺にとって損失だと考えていないか」とか、日常に引きずられないように、自分にいい聞かせながらクライエントの訴えを聴いていました。外面的には、冷静にカウンセリングマインドを発揮していたつもりですが、内面ではこれだけの葛藤をかかえていたのですから、とても共感的で親身になっていたとはいえない私でした。門徒や檀家など知り合いのカウンセリングをする僧侶は、大袈裟にいえば、日常性とカウンセリングマインドの葛藤から逃れることはできないのです。できるとすれば、門徒、檀家など知り合いの来談については別のカウンセラーを紹介し、自分では受けないことしか方法はありません。

ですから、日常関わりのある人々とのカウンセリングにおいては、必ず日常性を反映した価値観とカウンセリングマインドの葛藤が生じ、往々にして、自分の日常生活の安泰を優先した態度になりがちであることを、カウンセラーは十分自覚しているべきです。

また、「相談を受けたのだから、正解を示して導かなければならない」と気負い、「私が……してあげた」と親身になって尽力することの危険性にも気づいていなければなりません。それは、カウンセラーである僧侶が、「カウンセラーのお陰です」と、クライエントである門徒、檀家から感謝されるためにカウンセリングをすることは、本当の解決を見失う危険性があるからです。最初から、お寺と門徒、檀家という日常性のつながりだけを大事にしたカウンセリングは、家族内のどろどろした葛藤や自立への胎動を押さえ込んでしまい、結果として、上滑りし本音が話せないカウンセリングになりがちです。親身になって聴くということは、カウンセラーは「何も失うものがない」立場であり、微塵の駆け引きもあってはならないのです。親身になって聴くふりをして、実は恩を売ることにならないよう深く自覚している必要があります。

六　同情と共感性

日常生活に苦悩やストレスを感じているクライエント（来談者）にとって、カウンセリングは、その辛い日常生活から脱却できることに一つの意義があります。クライエントは、日常生活において親身になって聴いてくれる一人の人がいないから辛い場合がほとんどです。親身になって聴くということは、クライエントの感情を受容して、純粋に耳を傾けて聴くことを意味します。

親身になって聴くことを、カウンセリングでは共感的に聴くといいます。よく似たことばに同情がありますが、共感とは正反対ともいえます。同情は、「自分でなくてよかった」の立場で聴くことですから、カウンセリングにはならないのです。「……の事情から、あなたは辛いのですね。私でなくてよかった。あなたに比べれば、私は幸せだ」と、カウンセラーの幸せ探しの道具にしてしまうのが同情だからです。この同情でカウンセラーが応対すれば、カウンセラーが自分の幸せを探しますから、クライエントではなくカウンセラーが元気になってしまいます。ですから同情では、カウンセリングになりません。

同情に対して共感は、カウンセラー自身が、クライエントの感情に極めて酷似した感情を体験しながら聴くことです。ここで大切なことは、カウンセラーは自分の過去の感情を再体験するということです。目の前のクライエントが感じていると思われるその時の感情と、酷似している自分の過去の感情を想起して再体験するのです。そして、再体験していることをクライエントに伝えることが大切です。クライエントは、いつも感情豊かに話してくれるとはかぎりません。出来事だけを淡々と話したり、たどたどしくつまりながら、まとまりなく話すことがしばしばです。そんなときこそ、カウンセラーの親身になって聴く姿勢、共感性が発揮されるべきです。

七　カウンセリングの共感性

僧侶が経験しがちな、カウンセリングの実践例を示してみます。

来談者① 先月、私は六十三歳の家内を交通事故で亡くしました。バイクを運転中に転倒したのです。葬儀には、ご住職には、お世話になりました。その後、二人の子どもたちも来てくれるのですが、心配かけてもいけませんから、何もいえませんしねえ。……

カウンセラー① 奥さんに先立たれて、本当に寂しいですよねえ。その身にならないとわからない、この上ない寂しさですねえ。お子さんたちに話すと取り乱して心配かけることになりそうで、話すこともできない。だから、誰にも話せないのですね。わかりますよ。

来談者② そ、そうなんです。この寂しさは誰にも分かってもらえるはずがないと思えます。心配かけるというより、自分のみじめな姿は、子どもたちにも見せたくないし。

カウンセラー② 今まで味わったことのないあまりの寂しさだから、お子さんたちには話せないのですね。取り乱して、みじめな姿を見せるしかなくなってしまうと思えるのですね。

来談者①の発言では、来談者は、自分の感情を明確には表明していません。妻を事故で亡くしたことと、子どもたちには、心配かけるから話せないという表現のみです。そこで、共感するカウンセラーは、「妻を亡くした経験はなくても、自分の父親や祖父母など家族を亡くして、グッと寂しさがこみ上げてきた過去の辛さ」を再体験しながら、「心配かける」という発言から、「取り乱してしまうほど寂しいのですね」と、感情を明確に伝え返しています。このように感情を感じとって感情を明確にして伝え返すことを、「感情の反射」とか「感情の明確化」といいます。これが可能になるのは、カウンセラーがクライエントに共感的理解を達成しているからです。クライエントの発言を純粋に傾聴し、その感情を理解し味わい、その感情にもっとも酷似していると思われる自分の過去の経験を再体験することで、共感が可能になったのです。

そして、カウンセラー①の発言でそれを言語化して、「わかりますよ」と共感していることを重ねて伝えています。

来談者②の発言では、カウンセラー①の共感による感情の明確化を受けて、この上ない寂しさとみじめな姿を見せたくない感情を表明しています。カウンセラーの共感が、クライエントに伝えられることによって、クライエントの自己洞察が深められ、感情表出が促進されます。カウンセラーは、来談者②の発言を、「広大な砂漠に一人だけ、家族から取り残されてうろたえた」という、かつて見た夢の恐怖を再体験しながら共感して聴き、カウンセラー②の発言では、「子どもに弱みは見せられない」という、クライエントの心にある親のプライドを感じ取りながら、その感情を明確にして、伝え返しています。

このカウンセリングの後半では、クライエントは、次のように息子家族に同居してほしいが、言い出せない葛藤を表明しています。

来談者③ 自分から、息子家族に一緒に住んでくれとは言い出せない。息子のほうからいってくれて当然だと思う。息子一人だけじゃない。嫁と二人の子どももいるのだから。

カウンセラー③ 息子さんの奥さんやお孫さんたちも、あなたの気持ちに気づくべきだと思っておられるのですね。あるいは、気づいていても、一緒に住みたくないから、あなたのほうから頭を下げるのを待っているに違いないと思っておられるのですね。寂しい自分をわかってほしいですよね。

来談者④ そうです。あれだけ世話をしてやったのに、あの嫁は、自分の都合のいいことしか考えないから、息子もそれにすっかり洗脳されてしまっているんだから。一緒に住むのがいいのかどうか……。

カウンセラー④　息子さんというよりも、奥さんに理解がないと思っておられるのですね。息子をとられたという感じなんですねえ。そんな家族と一緒に住みたくないという気持ちもあって、心が定まっていないのですね。

来談者③の発言では、「父親は随分寂しいだろうから、一緒に住もうか」と息子家族のほうからいってほしいと表明しています。プライドがあるから言い出せないし、気遣いしてほしいというクライエントの気持ちが表れています。カウンセラーは、この前日「自分が風邪をひいて辛いのに、息子が乗せて行こうかと気を遣うこともなく本を読んでいて、息子に腹立ちを感じた」という出来事を思い起こしながら聴いています。

カウンセラー③では、核家族であった息子家族がすぐに、一緒に住もうと考えることはむずかしいと、来談者が気づいていることを十分にカウンセラーは感じ取り、複雑な寂しさに共感しながら発言しています。今、一番辛いのは自分だから、家族は、皆自分のことを案じてほしいのに、身近な息子夫婦さえ気遣ってくれないという寂しさを、ひしひしと感じての発言です。

来談者④の発言では、寂しさとプライドをカウンセラーに受容されて、身勝手な息子の嫁に相性の悪さを感じているから、寂しいけれども一緒に住むことが最善と思っているわけでもないことを表明しています。カウンセラーは、「自分の母親と妻の相性が必ずしもい訳ではなく、嫁が思い通りにならないと腹立たしく思う姑の心」を感じながら聴いていきます。それで、カウンセラー④では、寂しいという気持ちだけではなく、息子の嫁との折り合い、相性がよくないクライエントの感情を明確にして、どうしたいのか自分でも定まっていない心を無条件に受容していることを伝えています。

交通事故で妻と突然に死別されたクライエントとのカウンセリングをすすめるなかで、寂しさに共感していることを伝えることによって、息子家族とりわけ息子の嫁との葛藤する自身の心と向き合うことへ、カウンセリングは展開していきました。

この実践例のように、カウンセリングにおける共感、親身になって聴くことは、ことばや行動になって直接表れるものではなく、それらの基盤となるものです。クライエントの感情を理性的に理解するのではなく、カウンセラーが自分の経験に基づいて過去の感情を再体験し、その心をもってクライエントに向き合い、感情を整理して伝え返せば、カウンセラーの受容的な姿勢は十分に伝わります。カウンセラーの共感的理解は、カウンセラー自身の心の中で生まれ、機能するものです。自分の過去の感情の再体験をして聴くことができるどうかは、カウンセラー自身の姿勢にかかっています。それが、カウンセラーのなかで発揮され、クライエントにうまく伝わったときには、さらに深い課題へクライエント自身が目を向けていくことができます。

四、日常会話とカウンセリングの相違点

予防的カウンセリングは、カウンセラーがクライエントの感情を無条件に受容することによって、クライエントが日常性から脱却できることに意義があり、この点において日常会話と異なります。日常会話のなかでは、クライエントは日常性から脱却できないことが多いから、カウンセリングが有効なのです。それでは、日常会話とカウンセリングはどのように異なるのでしょうか。日常会話にありがちな具体例を通して説明します。

一　併行一人しゃべり型

日常会話によくあるのは、会話のようであるけれども、お互いに勝手に話しているパターンです。たとえばこんな例が挙げられます。

Aさん　先日、パソコンを娘に勧められて買いましてねえ。
Bさん　私は、3年前に買ったスマートホンが、先日突然こわれてね。インターネット

Ａさん　検索が便利だったから、ないと不便でねえ。

Ｂさん　便利だからとそそのかされたけれど、インターネットの検索だけがやっとで、後は使いこなせなくて。

Ａさん　それに最近は、手紙をまったく書かなくて、ラインのほうが多かったから、スマートホンが使えないと不便でねえ。

Ｂさん　せめて、メールでもできたら便利で楽しいだろうけど、それもできなくてねえ。だから、器械に頼るよりも昔のように、手書きの手紙でゆったりしていたほうが不安もなくてよかったよねえ。

Ａさん　本当に、パソコンなんかないほうがいいねえ。

両者が似たような話題で話しているのですが、お互いに相手のことにはおかまいなしで、自分勝手に話しています。そして、都合のいいことだけにあいづちを打っているのです。どちらか一方が相手の話を受け止め、「わかったよ」と伝え返したり、「そうだったのですか」と受容すれば、話は嚙み合っていくのですが、それらがなされていないからすれ違っています。

カウンセリングでは、カウンセラーが聴き役に徹します。最初の「パソコンを娘に勧められて買いましてねえ」に対して、「ほう、パソコンを買われたのですか」とか、「娘さんに勧められたのですか」とかの応答を、カウンセラーはするのではないでしょうか。それによって、Aさんが聴いてほしかった内容が、次の発言で表されてくると思われます。ですから、以後の話の展開はまったく変わってしまいます。カウンセラーは、聴き手の役割をしっかり果たしますから、日常会話のようなすれ違いは生じません。

二　一方的話しかけ型

日常会話でさらによくあるのは、相手が期待どおりの応答をするまで自分の主張を繰り返したり、自分の答えは決まっていて、相手に一方的にそれを押しつけるパターンです。

Cさん　八十歳になる母親の具合が良くなくて、病院で診てもらったら、年齢相応で問題ないといわれて、どこへ相談に行ったらいいのかわからなくて。

Dさん　それなら、高齢者専門の○○病院で診てもらったらどうですか。

Cさん　それに、私の会社も不景気のあおりで危なくて、先日、退職の肩たたきを受けましてねえ。

Dさん　どこも深刻ですねえ。今の会社が危ないのなら、早めにハローワークへ相談してはいかがですか。

Cさん　昔、家内が流産した子があるのですが、その水子の祟りですかね。

Dさん　そんなことは、けっしてありませんよ。不幸なことが続くと誰でも不安になるものです。気持ちをしっかり持ってください。

Cさん　水子供養をしてくれるお寺を知りませんか。

この会話での聴き手であるDさんは、Cさんに対して親身に答えを提示していますが、Cさんはまったく聴く耳をもたず、一方的に自分の不安を訴えています。それでも、その都度Dさんはそれに応答していますが、Dさんの提案や勧めはCさんには届いていません。Cさんは、最初から水子供養をしてほしいという気持ちが固まっていたのです。その気持ちを察しないで、別の提案をしても通じません。でも、日常会話では、こうしたすれ違いがしばしば見られます。

カウンセリングでは、カウンセラーから答えを提示することは原則としてありません。クライエントの感情を受容することを最優先しますから、Cさんの最初の発言を受けて、いきなり「○○病院」を提案するのではなく、「病院も当てにならなくて、とても困ってしまいましたね」と、感情を明確にすることを最優先します。こうしたCさんのように、答えを自分で用意しておられることはありがちなことです。感情を受容して聴くなかで、こうした状況のクライエントさんだと思われるときは、じっくり聴いて、感情を明確にして伝え返すことが有効です。その都度親切心で提案することは、あまり有効ではありません。

三　私ごとすり替え型

日常会話では、次のようなパターンもよく見られます。相手の話を聴いているうちに、よく似た自分の経験に話をすり替えてしまうパターンです。これも相手の話を聴いているようで、実はまったく聴いていない日常会話の特徴の一つです。

Eさん　先日主人が、「咳が止まらない」と検査してもらったら、肺ガンの末期だといわれて、二人ともとてもショックです。

Fさん　それはショックですねえ。実は私の兄もね、昨年肺ガンで亡くなりました。たばこが止められなくてねえ。周囲は、皆止めろといったのですが。

Eさん　後、半年の命といわれました。

Fさん　そうですか。私の兄も最初は、半年といわれたのですが、それから二年半生きましたからわかりませんよ。手術も勧められたのですが、本人がいやだといいましてねえ。ご主人は、手術は勧められなかったのですか。

Eさん　もう、肝臓にも転移していて手術はできないといわれました。

Fさん　私の兄の場合は、まだ転移していなかったから手術を勧められたのですかねえ。それでも、同じように後、半年といわれて二年半生きたのですから、諦めずに希望を持つべきですよ。

Eさん　ありがとうございます。できるだけ前向きに考えるようにします。

Fさんは、Eさんの感情を受容しているかのように応答していますが、自分の似た経験をEさんにぶつけているにすぎません。事実EさんよりFさんの口数が多くなっています。「ありがとうございます。できるだけ前向きに考えるようにします」とEさんは一応いっていますが、これではEさんの不安は、逆に高まっているかも知れません。Eさんの感情を受容する姿勢と理解がFさんにあれば、Eさんはもう少し苦しい自分の胸のうちを話してくれたと思います。日常会話では、相手の話を聴いて自分の類似した経験を話すというこのパターンが、とても多いのではないでしょうか。

カウンセリングでは、Eさんの最初の「二人ともとてもショックです」に対して、カウンセラーは精一杯の共感をもって対応します。こうした重くて辛い感情に対しては、クライエントに共感して感情を受容したことが伝わるように、対応することが特に大切です。「ショックといわれるのがやっとですね」とか、「時間が止まった感じで、生きた心地しませんよね」などの表現で応答するのではないでしょうか。このとき、カウンセラーは自己の経験に基づいて共感しています。

これら日常会話の三つのパターンでは、相手の話を聴いて相手の感情を理解するということが共通して欠如しています。人間は誰でも、相手の話を聴くよりも、話を聴いてほしいのではないでしょうか。自分の感情をたった一人でもいいから理解してほしいのです。ですから、お互いに「聴いてほしい」と思っている人同士の日常会話はこうなりがちなのです。ですから、カウンセリングは、カウンセラーが聴き役に徹するのです。日常では聴いてもらえない話を聴き、受容されない感情を受容するのです。

また、これら三つの日常会話には、聴き手に鏡の役割が伴っていません。「あなたは、今、○○○という気持ちなんですね」と、聴き手が相手の気持ちを整理して、明確に伝え返してあげることが、日常会話ではなかなか難しいのです。聴き手に自分の感情を受容され、整理されて、人間は自分の感情と向き合うことができます。カウンセリングは、日常会話で達成されない鏡の役割も果たしているのです。

四　見下し目線型

親身になって聴いているようで、実は聴いていない日常会話の例です。とりわけ相手の失敗や落ち度を聴いて、励ましながら相手を見下して、いわゆるお説教をするパターンです。

Gさん　先日、電車にポーチを忘れて、財布、携帯電話、予定帖を入れていたので、とても困りました。でも、三日ほどして届けてもらえたので助かりました。

Hさん　携帯電話や予定帖をなくすと、本当に不便で困るよねえ。以前も、あなたは車の鍵をなくして困ったことあったよねえ。

Gさん　そうそう、忘れ物することが多くて、我ながら嫌になってしまいます。

Hさん　だいたい君は、いつも注意力が散漫で、忘れ物だけでなく、作成書類でも必ず不備があるのだから。その分、誰かに迷惑をかけていることに気づいている？

この会話では、Hさんは Gさんに対して平生から、見下し目線であることが伺えます。親子や上司、部下関係で、日常的にしばしば聞かれる会話です。

Hさんは、Gさんの感情を受容し、共感するのではなく、見下し目線でGさんのことばを聴いて、Gさんの欠点を指摘し、それによってHさんがいい思いをしています。社会的関係や状況は異なりますが、次の「幸せさがし型」にも、共通の特徴が見られます。

五　幸せさがし型

相手の苦悩や落ち込みを同情して聴き、自分の幸せを感じるパターンです。自分の方が恵まれていることや優れていることで、幸せを感じる聴き手の方が元気になります。

Iさん　先日、主人の会社が不景気だからと、定年前なのに首切り同然に退職させられてしまってねえ。その上、派遣の仕事をしていた長男までが、派遣先を突然解雇されてしまって、ほとほと困ってしまいました。

Jさん　それはお気の毒ねえ。今は、どこも不景気で特に派遣の人は大変だわねえ。うちの息子は、融通が利かないから父親の仕事の手伝いを細々としているけど、何でもできるお宅の息子さんが解雇されるとは皮肉ねえ。そのうち良いことあるわよ。

Iさん　そのうちに良いことがあるとは、とても思えなくて。

Ｊさん　うちだって、昔は息子の将来を案じて落ち込んでいたけれど、今は何とかなっているのだから、元気出してよ。

Ｊさんは、Ｉさんの気持ちにそって聴いているように思えますが、そうではありません。「今の自分でなくてよかった」という立場で、Ｉさんの話を聴いています。ですから、Ｉさんの苦悩が深刻であればあるほど、Ｊさんは「Ｉさんに比べて、今の自分は何と幸せだろう」と、より大きな幸せを感じて聴いているのです。いわゆる井戸端会議の多くは、このパターンが多いのではないでしょうか。

先の「見下し目線型」も、その点では類似しています。相手を見下し、相手の非を指摘して、自分の優越性を見つけているのです。Ｈさんも J さんも、自分の過去の失敗を取り繕う感じで、ＧさんやＩさんの話を聴いているのかも知れません。

これでは、ＧさんやＩさんの心は安らぎません。カウンセリングの場面では、カウンセラーは、ＧさんやＩさんに対して、ＨさんやＪさんとはかなり異なる応答をするのではないでしょうか。たとえば、Ｇさんには、「こんなに忘れ者をするのは、自分だけだと思われるのですね」とか、「自分は失敗をするからダメ人間だと、感じておられるのですね」と応答をします。それによって、Ｇさんはそれ以後、失敗や忘れ物をするという事実を認めたうえで、それではダメだと思っている自分を見つめていくことになるのではないでしょうか。

Ｉさんには、とても辛い感情に共感して、「ご主人も息子さんも収入がなくなり、とても生きていけないと感じておられるのですね」と応答するのではないでしょうか。まずＩさんの生活への不安、社会への憤りなど、諸々の思いを共に感じ、共感していることをＩさんに伝えるのです。やがて、Ｉさんは、収入の有無にこだわらず、ご主人と息子さんとの生活があること自体の幸せに、目が向いていくのではないでしょうか。

六　野次馬型

いわゆる井戸端会議の多くは、このパターンではないでしょうか。その場にいない人のことや、世間の出来事を野次馬的に話し、お互いがウサを晴らします。

Kさん　ねえ知ってる？　昨日三丁目のＰさん、自転車で車とぶつかって救急車で病院に運ばれたって。いい気味だわ。いつも威張っていて、罰が当たったのよ。

Lさん　そうそう、先日もねえ、ここの歩道を凄いスピードで自転車で走って来て、歩いていた人とぶつかりそうになって、『どこ見て、歩いているのだ』と怒鳴っていたわよ。車とぶつかって当然よねー。

でもPさんのことだから、きっと軽傷ですぐ退院してくるわよ。

Kさん　いわゆる井戸端会議は、こんな会話が飛び交います。人間は、感情を外に表出して緊張を低減させる動物ですから、こうした会話は、ウサを晴らし抑圧していた感情を吐き出すという点においては、カタルシスの意義もあり、まんざら無意味ではありません。でも、当事者不在の悪口井戸端会議は、お互いが不在の時には、自分もターゲット（標的）になっているかも知れないことを知っているべきです。

カウンセリングでも、しばしばクライエントから、これに類した発言は聞かれます。でも、カウンセラーはそれに乗って、「うん、それでどうなったの」などと、さらにつっこんで聴くことはありません。まず、カタルシスせずには居られなかったクライエントを受容して、「Pさんへの日頃の怨みを晴らしたくなるほど、今日はイライラしているのですね」と受け止めてから、「いいですよ。何でも話してください」と、応答するのではないでしょうか。カウンセラーは、一緒に野次馬になることはありません。

七　責任回避型

相手に承認を求めて、自分には責任がないことを示そうとする会話ですが、承認を求めることで、相手に責任を押しつけ、責任を回避しようとする自己中心性が見られるパターンです。

Mさん　私は別件があるから、会議には遅れると伝えておいてと、あなたにお願いしたのに、どうして伝えてくれなかったの。お陰で、私が悪者になってしまったではないですか。

Nさん　私は、その時は電話中で、あなたの声は聞こえませんでしたから。

Mさん　そんなことはないでしょう。私がお願いした時、あなたはうなずいたでしょう。私は、電話中であることはわかっていたから、あなたと目を合わせてしっかり伝えたでしょう。そうでしょう。

Nさん　本当ですよ。目を合わせた記憶もありません。厄介な電話で、応対に必死でしたから、あの時は何も目に入っていませんでした。

Mさん　会議に遅れて悪者になったのは、みんな私の責任だというのね。

お互いの意志疎通が不十分で、ぶつかり合うことは、日常生活ではよくあることです。人間は、誰でも自分が一番可愛いのですから、不都合が生じると責任転嫁しようとするのは、本能なのかも知れません。ですから、相手に無理矢理に、自分に都合の良い事実を認めさせて、責任を回避しようとすることは、よくあることです。お互いの自己中心性がぶつかり合ってのことですから、こうした場面では、緊張関係が強まってしまいがちです。

カウンセリングの場面でも、クライエントがカウンセラーに承認を求め、責任をカウンセラーに委ねてくることは、しばしばあります。責任をとれないことを引き受けることは、カウンセラーはできませんが、いきなり、クライエントが求めている承認を否定することも望ましくありません。クライエントには、必ず他者に承認を求め、責任を回避したい事情があるものです。そのことにカウンセラーが気づいていることが重要です。「そうおっしゃるということは、何か事情があったのですね」と、クライエントが承認を求める気持ちにそって、話を聴くことからはじめていくべきです。

五、カウンセリングの理論と技法

一　ロジャーズのカウンセリング

わが国におけるカウンセリングは、アメリカのC・R・ロジャーズによって発展された、クライエント中心療法が主流であるといえます。彼は、一九五七年「治療によるパーソナリティー変化が生じる必要十分条件」の論文において、カウンセリングが成功するための六条件を明記し、そのうち三〜五においてカウンセラーの三条件を提示しました。それら六条件は、以下のように要約することができます。

一、カウンセラーとクライエントは、心理的接触をもっている。
二、クライエントは、不一致の状態にあり、傷つきやすく不安の状態にある。
三、カウンセラーは、この関係の中では一致しており、統合されている。（傾聴・純粋さ）
四、カウンセラーは、クライエントに対して無条件的肯定的関心を経験している。（温かさ）

五、カウンセラーは、クライエントの内部照合枠に共感的理解を経験している。
六、カウンセラーは、共感的理解と無条件的肯定的関心を達成していることをクライエントに伝達している。

日常性から脱却した予防的カウンセリングをするにも、この六条件は重要です。とりわけカウンセラーは、純粋に傾聴し、温かくすべての感情を受容し、親身になって共感して聴くことと、聴いていることを相手に伝わるように聴くことが大切です。日常性から脱却することが期待される家族の間で、「ちょっと、聴いてるの」とたしなめられ、「聴いてるよ」と、慌ててとりつくろうようでは、予防的カウンセリングにはなりません。

純粋に傾聴し、温かくすべての感情を受容し、親身になって共感して聴くことには、テクニックはありません。でも、純粋に聴いていることをクライエントに伝えるテクニックはあります。

私は、この点について、発電所の発電と送電線の送電に譬えていつも説明しています。各家庭や工場で電気を使用できるのは、発電所で発電された電気が、送電線によって送電されるからです。この両方が機能して、各家庭や工場に電気は伝わります。カウンセリングをこの発電と送電に譬えるのです。最も重要な発電は、カウンセラー自身の聴く姿勢や理解を意味します。このカウンセラーの姿勢、理解、カウンセリングマインドに、テクニックや技法はありません。発電所で発電されなければ電気は存在しませんから、発電されるしかないのと同じように、カウンセラー自身の内面にこれらが生じていなければ、どうにもならないのです。

しかし、それらが達成されていることが、クライエントに伝わらなければ、カウンセリングはうまくいきません。発電所で電気が発電されていても、外へ送電されなければ意味がないのと同じことです。そのために送電線があって、必要な箇所へ送電されます。カウンセリングも、カウンセラーのこれらの姿勢や態度の達成を、クライエントに伝えることが必要です。このためのテクニックが、カウンセリングのテクニックといえます。

二　非言語的コミュニケーション

非言語的コミュニケーションとは、ことばによらない表情・視線・うなずき・身振りなどのコミュニケーションを意味します。カウンセリングは対面しての状況ですから、非言語的コミュニケーションにもかなりの重みがあります。視線を合わせたり、うなずいたり身振りなどはかなり有効です。

三　感情の受容と反射

「感情を受容したということ」を、クライエントにわかりやすく伝える必要があります。ことばを聴いて、傾聴していることや受容していることを伝えるために、落ち着いて「ウムウム」「ハイ」「エエ、エエ」「ホー」「ナルホド」「ソウナンダ」などの相づちをして応答します。視線を合わせながら、相づちを打ちます。声に出さなくても、うなずきだけでも十分に伝わることもあります。

実際のカウンセリングでは、クライエントは、事実ばかりを話したりして、感情を表明するとはかぎりません。むしろ、感情を表さないことのほうが多いのです。あるカウンセリングで、クライエントから、こんな発言がありました。

「昨日、家族で久しぶりにドライブして紅葉を見てきました。天気はよかったのですが、大渋滞で疲れてしまいました」

もし、皆さんが、暗い表情のクライエントからこのような発言を聞かれたら、どのようなことばを返されますか。日常会話なら「どのコースを通って紅葉を見て来られましたか。きれいでしたか」などのことばになるのかも知れませんが、カウンセリングでは、望ましい受け応えとはいえないかも知れません。暗い表情のクライエントにとって、紅葉のことは、どうでもよかったのではないでしょうか。

「久しぶりの家族のドライブが、疲れただけだったこと」が、クライエントの暗い表情になっていると受け止めた私は、

「久しぶりに家族でドライブに出かけたのに、ちっとも楽しくなくて、家族にがっかりしてしまったのですね。だから、疲れただけだったのですね」

と返しました。クライエントの発言とは、随分異なった返し方をしました。すると、クライエントは、突然涙を流しはじめて、家族がバラバラの生活を送っていることや、自分が特に邪魔者扱いされているように感じていることなどを、一気に話されたことがありました。

　カウンセリングの一つの醍醐味が、この感情の反射です。表現されたことばだけを受け止めるのではなく、ことばの中に込められている感情を十分に感じとって、その感情をクライエントに伝え返すことです。私の発言は、紅葉よりも、虚しい家族関係に沈んでいるクライエントを感じとっての、感情の反射であったわけです。

四　内容の繰り返し

クライエントの感情を、いつも明確に感じとって理解できるとはかぎりません。感情を反射しなくてはと気負って、曖昧な理解のまま感情を反射して、もしもそれが、クライエントの感情とずれていたら、「このわからず屋」と、クライエントとの間に溝ができかねません。そんなときには、クライエントのことばをそのまま繰り返して、クライエントに返します。そうすることによって、「そのことについて、もう少し説明して」と、さらなる説明を催促する意味になります。たとえば以下のようです。

クライエント　昨日、家族で久しぶりにドライブして紅葉を見てきました。天気はよかったのですが、大渋滞で疲れてしまいました。

カウンセラー　疲れた？

疲れたということばに、どんな感情が込められているのか、その表情や語調から確信をもって感じとれないときは、「疲れた」と繰り返して、その内容をもう少し説明してと催促しているのです。

また、繰り返すことによって、カウンセラーが積極的に傾聴し、共感的に理解していることを伝えることもできます。カウンセリングを実践しはじめたころに、スーパーヴィジョンのたびに恩師から、「困ったときは、繰り返せ」と何度も指摘されたことを思い出します。その時の私は、共感して傾聴することに気負いすぎて、窮屈で狭い感情の受け止めになっていることを指摘されたのです。繰り返すことによって、相手のことばをそのまま生かしながら、肩の力を抜いて感情と向き合っていくためにも、クライエントのことばを繰り返すという技法は、とても有効です。

五　感情の明確化

クライエントは、いつも明快に感情を表明するとはかぎりません。つまりながら、たどたどしく表明することもしばしばです。自分の気持ちが混乱し、迷っていることが、クライエントの特徴の一つでもあるわけですから、わかりにくく、時には矛盾することもあります。その混乱し矛盾する気持ちの一つ一つを、明確にして整理することが、カウンセリングの重要な目標です。明確にして、そのつどクライエントに、「あなたは……というふうに感じていたのですね」などと伝え返します。

ロジャーズは、一九四二年の『カウンセリングと心理療法』に、大学での成績が悪くて落第してしまったが、できれば親には知らせずにおきたいと相談にきた初期の面接例を紹介しています。畠瀬稔さんの訳（『臨床心理学大系7』金子書房、一九九〇年）によると以下のようです。

学生①　それで、このことにはふれずに両親に説明するにはどうしたものでしょうかね。それをうまく話す方法を教えていただけないものでしょうか。

カウンセラー①　それについて君が考えたことをもう少し話してくれませんかね。

（学生②とカウンセラー②を略す）

学生③　今度こそ両親は体育で欠点をとっているのは、出席する気がなかったからだってわかります。きっと理由をきかれますね。

カウンセラー③　君にはとても両親に話すことなぞ、できそうにないんですね。

学生④　ええ、そうなんです。両親はきっとカンカンになるだろうと思うんです。

カウンセラー④　君は両親が全然理解がなくて、ただ君の落第を責めるだけだ、と思っているんですね。

学生⑤　そのお、ぼくの―父は、もうきっとそうするに決まっているんです。（中略）野心がないんだ、なんてしかいわないんです。（沈黙）

カウンセラー⑤ 君はお父さんがとうてい君を理解してくれないと思っている?
学生⑥ ええそうです。(中略) 父とは性が合わないし、全然合わないんですから。
カウンセラー⑥ よくよくお父さんがきらいなんですね。
学生⑦ 《要約。学生は父親に対する憎悪を語る。一方で、その父が苦労して学資を出してくれていることも語る》
カウンセラー⑦ 君が長い間、深刻に考えているのは、そのことなんですね。
(学生⑧とカウンセラー⑧と学生⑨を略す)
カウンセラー⑨ 君の話を聴くと、なんだか丁度格子の前に立っている囚人みたいな気持ちを語っているようですね。

この例で、カウンセラーの③④⑤⑥⑦の発言は、
③「できそうにないんですね」
④⑤「思っているんですね」
⑥「きらいなんですね」
⑦「深刻に考えているのは、そのことなんですね」
のように、クライエントの感情をカウンセラーのことばで、わかりやすく明確に説明して伝え返しています。このような返し方が感情の明確化です。

また、切れ目なく長く話す相手には、節目ごとに区切って、「すると、今のあなたの気持ちは、……ということですね」というように、そのつど話の内容を整理して明確化し、互いに確認します。この感情の明確化によって、カウンセリングは大きく進展します。

六　非指示的リード

カウンセリングは、クライエントが主導権を握っています。カウンセラーから質問して、話の内容をリードすることは、望ましくありません。しかし、クライエントを理解するにあたって、さらに知りたいことが幾つもカウンセラーには生じてきます。そんな時、短絡的に直接クライエントに尋ねるのではなく、この非指示的リードの技法を用います。話の内容はすべてクライエントに任せて傾聴しますが、もう少し知りたいとその場で感じたり、以前から感じていた内容にクライエントが言及したときに、「それはどういうこと?」「というと?」「それについてもう少し話してくれない」などと、質問して深めていくのです。

前述の面接例でみると、

カウンセラー①　それについて君が考えたことをもう少し話してくれませんかね。

が、非指示的リードを示しています。

七　自己開示

カウンセラーとクライエントが、同じ感情を共有していることを確かめる時に用いる技法です。多くの場合は、カウンセラーが理解した相手の感情や心の状態について、譬えなどを用いて表現します。前述の面接例では、

カウンセラー⑨　君の話を聴くと、なんだか丁度格子の前に立っている囚人みたいな気持ちを語っているようですね。

というのが該当します。「格子の前に立っている囚人」というカウンセラーの譬えで、クライエントは自分の状態を客観的に見つめると同時に、カウンセラーが自分のことを正確に理解してくれていると、信頼を深めることができます。

これは、相手の感情に寄り添いながら、カウンセラーが自分のことばで表現する技法ですが、その内容は、鏡のごとくクライエントの心の事実を映し返すものです。

六、真宗カウンセリングの治療的メカニズム

一　カウンセリングの過程

私は、カウンセリングの基本的姿勢はロジャーズに基づき、カウンセラーとクライエントの関係の深まりによるクライエントの心理的変化を、浄土真宗の親鸞の教義によって説明する、真宗カウンセリングを実践しています。クライエントの心理的変化を、浄土真宗の教義によって説明するということは、浄土真宗の教義に基づいた治療課題が明らかにできることを意味します。仏教カウンセリング、とりわけ真宗カウンセリングの治療過程が、浄土真宗の教義からどのように理解できるかについて説明します。

(一)　心塞意閉の日常生活

日本独特なのか定かではありませんが、日本には、季節によって「お中元」「お歳暮」の付け届けの習慣があります。お世話になる方へのお礼や、今後もよろしくというお願いが込められています。自分にとって役に立つ人を大切にしようという、人間の本性が具体

的に現れている行為ともいえます。社会では、リストラという名の下、会社に役に立たないと思われた人々が解雇されたり、閑職に追われた窓際族ということばが、今も生きています。個人であれ社会であれ、役に立つ者を優先し、そうでない者を遠ざけることは、人間の本能といえるかも知れません。一九五八年、イギリスのM・ヤングは、この本能にしたがって会社からはじき出された失業者が満ちあふれた当時の社会を、「メリトクラシー」という造語で風刺しました。メリトは、メリット、能力とか長所を意味します。クラシーは、統治を意味します。「メリトクラシー」は、能力至上主義、役に立つ者を優先する生き方を意味します。これは、人間の本能なのかもしれません。胎児の出生前検査を受ける人が増加しているのも、学歴や資格が偏重されるのも、「メリトクラシー」社会では、是非はさておき、当然の現象なのかも知れません。自分が役に立つものとなって、生き残り勝ち組になることが生きる目標であり、生きがいであったりもします。現代の社会生活において、人間は、自分自身の欲求や想いを巧妙に満たして満足を得ようとしているのです。

この姿は、人間が作った社会の価値観に基づくものであり、人間自身の想いを満たすことを優先していますから、『無量寿経』には、

煩悩結縛《ぼんのうけつばく》して解《と》け已《おわ》ることあることなし。己《おのれ》を厚《あつ》くし利を諍《あらそ》いて省録《しょうろく》するところなし。

（煩悩結縛、無有解已、厚己諍利、無所省録）（聖典七六頁）

と説明されます。自分が可愛く、得することしか考えないのが、人間であるということです。親鸞聖人は、煩悩具足の凡夫、罪業深重の凡夫、罪悪生死の凡夫と人間を表明されます。また、自らを「信巻」に、

悲しきかな、愚禿鸞《ぐとくらん》、愛欲の広海に沈没《ちんもつ》し、名利《みょうり》の太山《たいせん》に迷惑《めいわく》して、定聚《じょうじゅ》の数《かず》に入《い》ることを喜ばず。（聖典二五一頁）

と告白されています。

他に勝ることによって満足を感じる（勝他《しょうた》）、貪りの心を満たすことによって満足を感じる（利養《りよう》）、いい評判を得ることによって満足を感じる（名聞《みょうもん》）、と表現される本能も、すべて煩悩によるものです。「自分の想いの充足」という条件が満たされたときのみ、満足できる生き方です。自分の心も人間関係も、この条件が満たされなければ安らぐことはできませんから、先の『無量寿経』には、人間のこのあり方は、「心《しん》塞《ふさが》り意《こころ》閉《と》じ（心塞意《しんそくい》閉《へい》）」（聖典六二頁）と説明されます。

この心塞意閉の問題性に気づかず、本能の欲求充足を目標にして、自分の分別と行いによって目標達成が可能であると顚倒（さかさまに思い違い）しているのが、日常の私たちです。宗教さえも、厄払いや先祖供養などと同様に分別と行いの道具にされかねないのが、

日常の私たちです。そして、もっとも深刻なことは、この顛倒の自覚がなく「これで間違いない」と思い違いしたまま生きている私たちであるということです。

(二) 今得値仏としての苦悩

私は、住職のかたわら大学勤めをし、岐阜県教育委員会の要請を受けて、スクールカウンセラーのスーパーバイザーをしています。しばしば不登校の親御さんとお会いします。不登校にもいろいろなタイプがありますので、一概にはいえませんが、不登校になる以前は頑張り屋さんのいわゆる「いい子」で突然不登校になった中学生の場合、私は、親御さんに「お母さん、この子にどうなってほしいと思っておられますか」と尋ねます。すると多くの親御さんは、「この先生は、なんて勘の悪い先生だろう」という顔をされます。「不登校で相談に来ているのだから、以前のように頑張り屋のいい子になって、登校できるようになってほしいことがわからないのですか」といわんばかりの顔をされます。私は、「本当に、以前のように頑張り屋のいい子になればいいのですか」と再度問いかけます。わが子の不登校の意味を親御さんが気づくことは、とても大切なことだからです。

真宗カウンセリングでは、顛倒し心塞意閉の人間が、苦悩に直面することをとても大切にします。自分では顛倒していることに気づけない私たち人間に、苦悩を通して気づかせ

てくださる阿弥陀如来の大悲（大慈悲）が届いたと理解するからです。『歎異抄』第三章には、

煩悩具足《ぼんのうぐそく》のわれらは、いずれの行《ぎょう》にても、生死《しょうじ》をはなるることあるべからざるをあわれみたまいて、願《がん》をおこしたまう本意《ほんい》、（聖典六二七頁）

と、阿弥陀如来のはたらきを説明されています。自分の損得にこだわり、自分の想い実現しか目標にできない私たちに、そのことの問題性を気づかせる縁が苦悩であり、阿弥陀如来のはたらきそのものなのです。不登校によって、「今までのこの子が無理していたのであって、今までと同じように無理して学校へ再登校してはいけないのだ。親である私こそこの子への理解、接し方を変えなければいけない」と、親御さんが気づくことが、カウンセリングの目標です。

風邪をひいたときにも、同じことがいえます。風邪に気づくのは、発熱・頭痛・悪寒・喉の痛み・咳やくしゃみなどの症状が出たときです。この症状は、健康でスケジュールいっぱいの生活を送っている者にはとても苦痛です。苦痛だから風邪という病に気づき、スケジュールを変えてまでも風邪を治そうとできるのです。この症状が、阿弥陀如来の大悲（大慈悲）です。症状が出なければ、自分が風邪をひいていたということに気づけず、とても重篤な事態になりかねないのが人間です。また、道に迷ったときに、道に迷っている

ということに気づくのは、当てにしていたものがなかったときです。当てがはずれなければ、道に迷っていることに気がつけないのです。この当てはずれが、阿弥陀如来の大悲です。

人間の想いにとっては苦痛なことですが、この苦悩が阿弥陀如来の大悲としての方便、気づかせる手立てです。阿弥陀如来のほうから気づかせてくださるということが、真宗カウンセリングにおいては、とても大切です。自分の想い実現しか考えられない生き方の人間が、この苦悩と出遇ってカウンセリングを受け、苦悩の意味を洞察することによって、苦悩以前の自己こそ顚倒していたと気づくことができるのです。この苦悩との出遇いと、カウンセリングによる洞察こそ、『無量寿経』に、

今仏に値《もうあ》うことを得て、（今得値仏《こんとくちぶつ》）（聖典六四頁）

と説かれていることです。「この苦悩がなければ自分は、本当の幸せを思い違いしたまま生き続けていたにちがいない。苦悩によって、自分の今までの生き方が顚倒していた」と、クライエントが気づくことこそ今得値仏なのです。

しかしながら、すべての人が苦悩によって気づけるわけではありません。道綽禅師は、『安楽集』で、

行者一心に道を求めん時、常に当に時と方便とを観察すべし。（「化身土巻」聖典三五八

～二三五九頁）

と述べられ、その譬えとして、火をおこすのには乾木をこすり合わせますが、湿木をこすり合わせても火はおこせないことを挙げておられます。如来の大悲が方便としてその人に受け止められるには、タイミングが必要ということです。

そのことは、曇鸞大師の、

碍は衆生に属す、光の碍には非ざるなり。（『浄土論註』真聖全一、二八三頁）

の指摘にもあらわれています。苦悩によって聞法やカウンセリングなど自己洞察の道を選ぶ人もいれば、さらに自己の欲求充足を追求する道を選ぶ人もいるのです。如来の大悲は、すべての人に、いつでもどこでも届いているがゆえに、いかなる人もやがて、自己洞察の道を選び顛倒の自己に気づくことができるのです。

㈢　心得開明の世界

昨年の秋、私は約八年間、冬季だけ使用したスタッドレスタイヤを買い替えました。新製品でかなり高価でしたが、気象庁の予報も寒い冬ということでしたから、四本新品に買い替えました。ところが、確かに気温は低めで寒かったのですが、雪はまったく降りませんでした。ご門徒さんのお内仏へお参りに行きますと、「今年は雪が降らないから、ありがたいですなあ」と、ほとんどの方が、挨拶がわりにいわれました。私はそのたびに、「はあ、そうですねえ」と相づちを打ちながら、内心は、降らない雪にとても腹を立てていました。そして、そのたびに、「せっかく、高価なスタッドレスタイヤを新調したのに、どうして雪は降らないのだ」と、ぼやかずにはいられませんでした。

この心を蓮如上人は、善導大師の『法事讃』下巻のことばを引用して、

無明《むみょう》業障《ごっしょう》のおそろしき病《やまい》のなおるということは、さらにもって、あるべからざるものなり。しかるに、この光明の縁にもよおされて、宿善《しゅくぜん》の機ありて、他力の信心ということをばいますでにえたり。これしかしながら弥陀如来の御かたよりさずけましましたる信心とは、やがてあらわにしられたり。(『御文』聖典七九二頁・八三九頁)

と、「無明業障」と指摘されました。自分の分別判断は正しいと固執し、思い上がる人間の本性が無明業障です。私の心は、「高価なスタッドレスタイヤを新調したから、雪まで思いどおりに降らせよう」と、無明業障の塊であったわけです。すると、あるおうちで、「今年、ご住職さんは、タイヤを新調しておられなかったら、よかったんですねえ」といわれて、ハッと気がつきました。「私に、無明業障の心に気づかせるために、雪の降らない年にタイヤを新調する縁をいただいたのか」と。

苦悩が如来の大悲であると気づくことは、けっして簡単なことではありません。クライ

エントが自己の無明業障の心に気づくには、当てがはずれて、腹を立てたり落ち込んで、それを表明したときに、その感情を「それがあなたですよ。それでいいのですよ」と、誰かに受容されて、自分の心に目が向き、やっと可能になります。どんな自己であっても、絶対大丈夫という状況ではじめてそれは可能になります。そのためには、カウンセラーの無条件の感情受容の態度は不可欠です。

当てにならない自分のままで大丈夫と確信できて、はじめて人間は自分の愚かさを認めることができます。カウンセラーによる感情の無条件受容、共感的理解は、この阿弥陀如来のはたらきをクライエントに伝える上で、不可欠の態度なのです。このことは、『観無量寿経』「序分」で、阿闍世に幽閉された韋提希《いだいけ》のカタルシスに対する釈尊の態度にも示されています。韋提希を説得することなく、韋提希自らが瓔珞を絶ち、号泣し、五体投地して懺悔し、

願わくは世尊、我に思惟《しゆい》を教えたまえ、我に正受《しょうじゅ》を教えたまえ。（聖典九三頁）

と、自己の心こそが問題であったと気づくまで、釈尊は、何も指示されず、韋提希のあるがままの感情を無条件に受容されています。クライエントは、この世でたとえ一人でもいいから、自己の感情を無条件に受容してくれる人がいたら、防衛することなく自己の心を見つめることができるのです。周囲から否定されたり、プレッシャーを与えられている状

況では、とてもできなかったことです。

このカウンセラーの支援を得て、あるがままの自己の心と出遇い、あるがままの現前の境遇を認識し、吟味し、やがて落在することができます。この状態を得て、あるがままの自己を受容し、自他ともに明るく開かれた生活が可能になり、『無量寿経』に説かれる、心《こころ》開明《かいみょう》することを得《え》つ。（心得開明《しんとくかいみょう》）（聖典六四頁）

という、安らいだ生き方に身を置くことができるのです。

二　カウンセリングの仏教的意義づけ

(一)　認知的不協和理論

私は野球が大好きで、六十歳過ぎた今も、メタボの体型にもかかわらず時々草野球をします。当然プロ野球も好きで、昔から巨人の大ファンです。テレビのナイター中継はなかなか見られませんが、深夜のスポーツニュースで巨人が勝ったことがわかると、翌朝の新聞が楽しみです。スポーツ欄とりわけ巨人の勝利の記事は、何度も読み返します。ところが、負けた日の翌朝の新聞は、読み方が窮屈になります。社会面はいつもどおり読みますが、スポーツ欄は目を閉じて、記事が目に入らないように素早くめくらなければならないからです。毎朝、朝刊とこのようにつきあっておられる方は、私だけではないと思います。

このように、好きな野球チームが負けたということなど、自分に不協和を生じる事態や情報を意図的に避けようとする人間の特性は、認知的不協和理論で説明されます。

「たばこを吸うと肺ガンになります」という記事は、たばこを吸わない人がじっくり読んで、肝心のたばこを吸う人は、ほとんど読んでいません。かりに読んだとしても、「たばこを吸ってても長生きしている人は沢山いる」とか、「たばこを吸わなくても肺ガンになる人もいる」などと、自分が不協和を起こさないように都合よく解釈することを、認知不協和理論で説明するのです。この特性は、自分を守るための人間の本能なのでしょうか。

また、心理的リアクタンスという特性が、人間にはあります。これは、J・W・ブレームが提唱した特性で、人から説得されると自分の心理的自由を回復しようとして、説得とは反対の方向に態度形成をすることをいいます。この現象は、ブーメラン効果ともいわれます。

カウンセリングにおいては、現実の自己を否定して苦しんでおられるクライエントが、圧倒的多数です。自己否定しているクライエントにとって、その自分自身を見つめることは、認知的不協和理論で説明されるように、とてもむずかしく、安易な説得は、逆効果になりかねないことをカウンセラーは知っているべきです。

(二) 自己洞察と他因自果

カウンセラーによる無条件の受容を得て、クライエントは、できれば思い出したくなかったこと、たとえば引きこもりの原因と感じている出来事などを語られるようになります。そのときにも、すぐに「自分の感じ方、受け止め方が問題かも知れない」と、洞察できるわけではありません。必ず、「○○さんがいけない。だから自分は、今こんなに苦しめられているのだ」と、他者に責任を押しつけることがほとんどです。人間は、皆同じです。自分にとって都合の悪いことを自分のせいだとは、引き受けられないのです。不都合なことには、他因自果（自分以外のせいで、こうなった）が、人間の本性だからです。逆に自分に好都合のことには、自因自果（自分の功績で、この良い結果が得られた）と感じるのが人間です。自己洞察のはじまりは、責任転嫁、他因自果であることを知っているべきです。

「他者のせいで、今、こんなに苦しめられている」とか、「○○が悪いから、こんなことになってしまった」という他因自果、責任転嫁、被害者意識などが表明されることは、カウンセリングが機能している表れではないでしょうか。自己否定に苦しみ、自分を洞察しようとしなかったクライエントが、やっとの思いで自己を見つめはじめた証と考えることができるのではないでしょうか。ですから、この他罰的な感情も、受容して聴く必要があります。ところが、「受容的に聴いていると、いつまでも延々と他者批判や責任転嫁を繰り返してきりがないから、指示的に責任転嫁であることを指摘して指導したほうがいい」という声も耳にします。確かに、妄想的な障害で、被害者意識などから抜け出せない方もおられますから注意は要しますが、カウンセラーが、心底「あるがままの感情を無条件に受容すればいい」と確信して聴くことができれば、多くの場合は、クライエントのほうから他因自果から、自因自果への変化が見られるようになります。この段階になって、はじめて自己の事実に目が向くことになります。

『歎異抄』第十六章の、

日ごろ本願他力真宗をしらざるひと、弥陀の智慧をたまわりて、日ごろのこころにては、往生かなうべからずとおもいて、もとのこころをひきかえて、（聖典六三七頁）

が生じるのです。引きこもりのクライエントは、この自己受容を経験して、はじめて他者を本音で受容し、社会参加への意欲が芽生えてくるのではないでしょうか。

㈢　無条件受容が最優先

予測できる認知的不協和の事態を回避する本能が、人間に存在することを説明しました。カウンセリングの対象であるクライエントは、自分自身に対して否定的な自己像を有していることがほとんどであるといえます。否定するしかない自己を、「洞察しなさい。見つめなさい」といっても、認知的不協和の事態を回避したい人間にとって、それはとても困難なことです。ですから、責任転嫁し口実を作って弁解を繰り返すことになります。万引きなどの反社会的な問題行動を犯した生徒の保護者の多くは、保護者自身や家庭生活に原因があるのではなく、学校の教師や友人に原因があると当初は主張されます。苦悩など不都合なことが生じると、「他者のせいでこうなったのだ」とする他因自果は、人間の本能なのです。認知的不協和を避けるから、受け入れがたい事実や自己から眼を背けて、現実生活や自分自身の内面に眼が向かないのが人間なのです。

ですから、カウンセリングでは、カウンセラーは、クライエントの感情を無条件に受容するのです。無条件に受容するのは、行動ではなく感情と存在です。けっしてわがままや気ままを助長するのではありません。「自分のせいではない。〇〇のせいでこうなったのだ」という他因自果の感情を、あるがままに無条件に受容します。「こんな自分ではだめだ」という自己否定の感情を、あるがままに無条件に受容します。人間は、他者から無条件に受容されて、はじめて認知的不協和を克服して、否定したい現実や自己に眼が向くのです。

日本では制度化されていませんが、アメリカには司法取引という制度があると聞いています。刑事事件を犯した被疑者が、真相究明に当たってさらに重大な真実を語れば、その被疑者の刑罰が軽減されるという制度です。これは冤罪を生みやすいという危惧はありますが、真相究明にはとても有効です。つまり、人間は先に、「許される」ということが伝わって、はじめて認知的不協和の事態にも眼が向けられるのです。自分の罪を認め、自分に不都合をもたらす事実に眼を向けられるのは、「そのままのあなたでいいよ」という受容が伝わってはじめてできることです。これは、人間の本性ではないでしょうか。

これは、カウンセリングにも当てはまります。否定したい自己像を感じている人が、「その自分をよく見つめなさい」といわれても、なかなか見られませんが、「このままのあなたでいいのだ」と、カウンセラーによって明確に受容されると、自分を見つめることが可能になります。

鏡の機能も、同じことがいえます。私の顔は、ビジュアル系ではありません。この私が、多くの中年女性を前にしてお話させていただくことが時々あります。その朝起床して、洗面所で鏡を見る時は、かなり気合が入ります。「今日こそ、男前のいい顔であれー」と。でも事実は、不細工な顔が、髭は伸び、髪はボサボサで鏡に映っているだけです。思わず目を背けたくなります。でも、鏡は割れることなく、この顔を映し続けてくれます。すると、不思議なことに、私は、「髭でもそるか。顔でも洗うか。髪でもセットするか」という気になります。そして、「まんざらでもないか」と思えるのです。不細工な顔には変わりありませんが、やがて、この顔のままで中年女性の前に立つのです。

(四) 凡聖逆謗斉回入　如衆水入海一味

親鸞聖人の著書『教行信証』「行巻」に、

凡聖《ぼんしょう》、逆謗《ぎゃくほう》、ひとしく回入《えにゅう》すれば、衆水《しゅすい》、海に入りて一味《いちみ》なるがごとし。

(凡聖逆謗斉回入　如衆水入海一味)(聖典二〇四頁)

の一文があります。阿弥陀如来のご本願は、すべての人をすくってくださるのです。それは、どんな川の水も海へ流れこめば、皆海の水になるようなものだと譬えておられます。阿弥陀如来のご本願は、私たちが何か課題や条件をクリアしたらすくってくださるという条件付きではなく、条件をみたした人だけという狭いものでもありません。すでに無条件にすくいを届けてくださっています。大悲の真実を回向してくださることは、同時に私たちがすくわれることなのです。真実を苦と感じる自己の顛倒、「己《おのれ》を厚《あつ》くし利を諍《あらそ》う(厚《こう》己《こ》諍《じょう》利《り》)」の心に気づくことは、自力無功の自覚に目覚めることを意味します。蓮如上人は、自分の顛倒に気づく機と自力無功の自覚に目覚める法は、同時であり一体である(機法一体)と述べておられます。

しかしながら、如来の側からは無条件にすくっているといわれても、人間にとって、そのことが実感されなければ意味がありません。カウンセリングにおけるカウンセラーの態度が、クライエントの感情を無条件に受容するのは、このことを伝える手だて、方便なのです。すくわれるためにカウンセリングを受け、お念仏申すのではないのです。すくわれているからカウンセリングを受け、お念仏申すことができるのです。

㈤ 自己洞察と自己否定

認知的不協和理論で説明されるように、人間は、思いどおりにならない現実や理想自己と一致しない現実自己から眼を背け、逃避し否定します。ですから、阿弥陀如来は、真っ先に無条件の受容とすくいを私たちに届けてくださいます。カウンセリングにおけるカウンセラーは、その方便（手だて）として、クライエントの感情を無条件に受容します。その繰り返しによって、クライエントは、認知的不協和の現実と向き合えるようになります。否定したい現実に眼を向け、吟味し洞察するようになります。なぜ、否定しなければいけないのだろう。なぜ、こうなったのだろう。自分は、何を期待しているのだろう。などと自己洞察がなされるようになります。「このままの私が受容され、許されている」と実感できると、人間ははじめて、あるがままの自分自身に眼が向きます。受容され許されているという実感が、真実の自己との出会いへ導いてくれるのです。この過程は、如来のはからいによってなされることです。いのちそのものといえるのではないでしょうか。親鸞聖人は、『教行信証』「行巻」に、

「命《みょう》」の言は、業《ごう》なり、招引《まねきひく》なり、使なり、教なり、道なり、信なり、計《はからう》なり、召《めす》なり。（聖典一七七頁）

と説いておられます。あるがままの自己を無条件に受容され、許されたと感じることによって、あるがままの自己洞察、自己点検の眼が開かれます。如来のはからいによって、道が敷かれ、自己との出会いの歩みがはじまります。これが、カウンセリングなのです。

(六) 自己受容の勇気

カウンセラーの受容的な態度によって、クライエントは徐々に自己の内面に眼を向けるようになります。しかしながら、それですぐに自己受容できるわけではありません。自分に不都合な現実に対して、他因自果の本能で対応したり、認知的不協和が懸念される事態から眼を背けたり、回避しようとする姿勢が完全に消滅するわけではないからです。その壁を克服して自己受容を促進するところに、カウンセラーの存在意義があります。

クライエントのいかなる感情も受容しながら、それらの感情をクライエントに伝え返す

カウンセラーによって、クライエントの自己洞察は深まっていきます。カウンセラーから自己の感情が整理されて伝え返されるクライエントは、内面で自己対決がはじまります。受け入れがたい現実から逃避し開き直ろうとする自己と、客観的に現実の自己と向き合おうとする自己との闘いです。この自己対決の内容は、事例によって様々であり、とても長い時間を必要とする場合もあります。また、クライエントの無意識的な抵抗や転移によって、カウンセリングが回り道を余儀なくされる場合もあります。いかなる場合も、クライエントが自己対決しながら、自分で現実自己を受け入れる自己受容への道を歩んでいることを、カウンセラーは確信をもって、常にクライエントの感情と存在を受容し、そのことを伝え返していく必要があります。

このカウンセラーの後押しを得て、クライエントは、自己対決を経てあるがままの自己と向き合い、客観的に自己を理解し、現実の自己を受け入れることが可能になります。自己の思いや期待に照らせば不本意である現実の自己を、あるがままに受け入れることは、クライエントにとって、とても勇気がいることです。カウンセラーが共感的に、受容的に対応することが、クライエントに勇気を与えることになります。

(七) 自己受容から他者受容へ

カウンセラーによって受容され、おそるおそる自己対決をはじめたクライエントが、現実の自己を受け入れられるようになると、やっと他者を受け入れることが可能になります。社会のルールに従い、出来事を容認することができるようになります。他因自果を繰り返し、他者批難を繰り返していた人が、少しずつ、「あの人は、そうするしかなかったのだろう」とか、「精一杯私に気遣いしてくれていたのだ」などと、相手を受容する心が湧いてきます。被害者意識が強く、引きこもっていた人が、「あの人は、私を攻撃しようとしているわけではなかったのだ」と、開かれた人間関係を経験することができるようになります。

カウンセリングは、カウンセラーによる無条件の受容を真っ先に得て、クライエントが自己の内面に眼を向け、カウンセラーの共感的で受容的な態度によって、自己対決を経て現実の自己を受け入れ、対等で開かれた他者との人間関係へ発展することができる過程であるといえます

三　真宗カウンセリングのメカニズム

㈠　苦悩は真実之利の証

人間が、「自分に生まれた意義と、生きる喜び」を見つけるには、必ず苦悩しなければならないということは、仏教の教義から説明できます。人間は、本能として「思いどおりの事実」を獲得して喜びを得ようとします。この本能は消すことができませんし、思いどおりの事実の獲得は、諸行無常と説明される命の真実から、永続することは不可能です。したがって、人間は、本能にしたがって生きていく限り、生まれた意義と生きる喜びを獲得できず、絶望と当て外れに打ちひしがれることになります。

そこに、如来が出世する必然性があります。『無量寿経』「発起序」には、如来、無蓋《むがい》の大悲をもって三界《さんがい》を矜哀《こうあい》したまう。世に出興《しゅっこう》したまう所以《ゆえ》は、道教を光《こう》闡《せん》して、群萠《ぐんもう》を拯《すく》い恵むに真実の利をもってせんと欲《おぼ》してなり。

（如来以無蓋大悲、矜哀三界、所以出興於世、光闡道教、欲拯群萠、恵以真実之利）

（聖典八頁）

と、身勝手な思いの実現に執着する群萠である私たち人間をすくうために、真実の利を届けるのが、如来のはたらきであると説かれています。

自分の思いの実現に執着し、損か得か、勝ちか負けか、上か下かにこだわる人間に、思いどおりではない真実の利が届くということは、苦悩するしかないということです。すべての人間は、苦悩せずにはいられないということです。自分の思いの充足に執着することをやめられない自分であることに気づかなければ、思い違いした生き方から抜け出せないということです。

親鸞聖人は、阿弥陀如来のご本願を、

煩悩具足《ぼんのうぐそく》のわれらは、いずれの行《ぎょう》にても、生死《しょうじ》をはなるることあるべからざるをあわれみたまいて、願をおこしたまう本意、悪人成仏《あくにんじょうぶつ》のためなれば、他力をたのみたてまつる悪人、もっとも往生の正因《しょういん》なり。（『歎異抄』第三章、聖典六二七～六二八頁）

と説明されました。また、中国の善導大師は、

一つには決定《けつじょう》して深く、「自身は現にこれ罪悪生死《ざいあくしょうじ》の凡夫、曠劫《こうごう》より已来《このかた》、常に没《もっ》し常に流転《るてん》して、出離《しゅつり》の縁《えん》あることなし」と信ず。（「信巻」聖典二一五頁）

と、いわゆる機の深信を説明されました。思いどおりにならないから苦悩するのではなく、思いを充たすことへの執着から離れることができないから、苦悩するしかないという自覚への歩みは、如来の真実の利による苦悩からはじまるのです。

思いどおりにならない現実と向き合うことができないのが、人間の特性です。苦の現実からは眼を背け、苦悩の本質から逃避するのが人間なのです。思いどおりにならない現実と向き合い、自分の心が問題であると自覚することは、人間にはとてもむずかしいことです。

(二) 真実と向き合う力

カウンセリングを求めてくるクライエントは、その多くは、「思いどおりにならない現実を、何とか思いどおりにできないか」という期待をもっています。カウンセラーは、苦悩の現実から逃避したいクライエントの感情を、無条件にそのまま受容することから、カウンセリングをはじめます。この受容によって、クライエントは、現実逃避や責任転嫁ではなく、自分と向き合う力を得ることができます。このカウンセラーの無条件受容の態度は、如来のはたらきによるものです。『無量寿経』「証信序」には、

群生《ぐんじょう》を荷負《かふ》してこれを重担《じゅうたん》とす。如来の甚深《じんじん》の法蔵《ほうぞう》を受持《じゅじ》し、仏の種性《しゅしょう》を護《まも》りて常に絶えざらしむ。(聖典六頁)

と、如来の導きの内容が説かれています。思いどおりにならず、苦悩する人間の心を無条件にそのまま受容してくださるのは、如来のはたらきなのです。そして、カウンセリングにおいてクライエントの自然治癒力と表現されることも、仏になる種性を護ってくださる、

如来のはたらきということです。

具体的には、如来が直接クライエントを受容し、自然治癒力を与えるわけではありません。具体的には、その役割を代わりに果たすのは、カウンセラーなのです。日常生活では、家族の語らいのなかで、一日の労をねぎらう母親であるともいえます。それは、個々の家のお内仏（仏壇）や、お寺の内陣のお荘厳で説明することができます。真宗寺院の内陣は、『阿弥陀経』に、

舎利《しゃり》弗《ほつ》、極楽国土には、かくのごときの功徳荘《くどくしょう》厳《ごん》を成就せり。（聖典一二六～一二七頁）

舎利弗、その仏国土には、かくのごときの功徳荘厳を成就せり。（聖典一二八頁）

舎利弗、かの仏国土には、かくのごときの功徳荘厳を成就せり。（聖典一二八頁）

と説かれるように、如来によって荘厳された浄土の世界が示されています。しかし、現実には、如来は荘厳できませんから、私たちが如来に代わって、お花を立て、ローソクを点し、燃香します。ですから、お花もローソクも、私たち人間に向かって荘厳されます。お花を立て、ローソクを点灯する時の私たちの手は、如来の手なのです。

これと同じように、「辛いですねえ」「悔しくて悔しくて、眠れそうにありませんねえ」「悲しくて涙が止まりませんねえ」と、無条件にクライエントを受容し、寄り添うカウンセラーは、カウンセラーのことばで表現し受容していますが、そのことばは如来から発せ

られていることばなのです。カウンセラーは、如来の代官です。カウンセリングの初期において、カウンセラーは、如来の代官として感情を受容しますから、クライエントのことばをさえぎったり、カウンセラーの意見を押しつけたりすることは望ましくないのです。『観無量寿経』に説かれているように、当初釈尊は、阿闍世に幽閉された韋提希の不安と怒りを、静かに聴き受容しておられます。韋提希が自分自身に眼が向くためには、如来の「群生を荷負してこれを重担とす」というはたらきを誰かが、具現化する必要があるのです。カウンセラーは、この役割を果たしているのです。

心の健康を維持するには、この如来の代官の役割が不可欠です。日常生活で社会に適応するということは、必ず、ストレス、疲労、緊張が伴います。学校で学び、遊ぶ子どもも、職場で上司やお客と接して業務に励む大人も、必ずストレス、疲労、緊張を感じています。心の健康を維持している人は、必ず、これらストレスを吐き出し、受容される経験を日常のなかに有しているはずです。「ここなら何をいっても大丈夫」「絶対受容され、受け入れてもらえるから大丈夫」という空間、時間、人がいてくれるのです。多くの場合、それは家族や恋人や仲間ですが、その人の前で、すべてのストレスを吐き出し、受容されるから、再び心の元気を取り戻し、再び日常の活動、業務に戻ることができるのです。この瞬間は、日常性における日常性からの脱却の体験です。これがあるから、心の健康を維持することができるのです。

カウンセラーのみならず、日常生活において、掛け替えのないその人のことばに耳傾け、感情を無条件に受容してくれる人こそ、如来の代官です。日常生活の多くは、お互いが如来の代官となって、お互いを受容しあっているのではないでしょうか。そして、不幸なことに、日常生活において、この如来の代官と出会えなかった人が、カウンセリングを求めるのではないでしょうか。したがって、カウンセラーは、如来の代官として無条件に感情を受容し、「仏の種性を護りて常に絶えざらしむ」という自然治癒力を、クライエントに届けるのです。

㈢ 自己洞察につながる「問い」

無条件の感情受容だけで、カウンセリングが完了するわけではありません。この受容によって、苦悩から目を背けていたクライエントは、徐々に苦悩と向き合えるようになります。「何が起きたのだろう」「どうしてこうなったのだろう」「何がいけなかったのだろう」などの「問い」が生じてきます。この問いが、仏教カウンセリングにおいては、重要な意味があります。

『無量寿経』「発起序」には、

阿難《あなん》、仏に白《もう》さく、「諸天の来りて我に教うる者、あることなし。自《みずか》ら所見をもってこの義を問いたてまつるのみ」と。仏の言《のたま》わく、「善きかなや。阿難。問いたてまつるところ、甚《はなは》だ快し」。（聖典七〜八頁）

と、釈尊と阿難のやり取りが示され、そこにおいて、

衆生を愍念《みんねん》してこの慧義《えぎ》を問えり。（聖典八頁）

と、「答」を得ることではなく、「問い」を得ることが、如来のはたらきであると説かれています。

カウンセリングでは、解決のための答を得るのではなく、問題を解決するために必要な「問い」を見つけることが重要であるということです。このためには、カウンセラーは如来の代官ですから、鏡の如くクライエントの感情を受容し明確化して、クライエントの感情をそのまま伝え返すことが重要なのです。このカウンセラーの支援を得て、クライエントは、「問い」から自己洞察への歩みがはじまるのです。

あとがき

住職のかたわら、教員養成の大学の教育学部に勤めている私は、何らかの問題行動を呈する児童生徒の見立て・支援目標・手立てを講ずるための検討会に、岐阜県内外の学校から、しばしば招かれます。そこでは、不登校をはじめ様々な問題行動を通して、教師や保護者に「気がついて、助けて」と叫んでいる子どもたちと出遇います。大人は、問題行動というけれど、この子たちにとっては必要で自然な必然的行動であることがほとんどです。「これほど追い込まれるまで、日常生活のなかで、この子は自分の心をはき出せる場所や人がいなかったのかなあ。この子の心のピンチや個性を感じとって受け止めてくれる人は、いなかったのかなあ」と、問いをほぼ毎回いただいて帰ってきます。「ならば、日常生活のなかで予防的に機能する支援こそ必要ではないか」の思いから、筆をとった次第です。

カウンセリングは、訓練を受け熟達したカウンセラーでなければできないこともありますが、日常生活のなかで、心の健康において予防的に機能するカタルシスと感情受容のカウンセリングは、親御さんや身近な住職や坊守さんによってなされて成果が挙がるものです。本書が、この役割を担っておられる親御さん、住職さん、坊守さん方の一助になれば幸甚です。

明治の先覚者、清沢満之氏は、自身の著において、

如来は、爾がために必要なるものを、爾に賦与したるにあらずや。

（『絶対他力の大道』四章）

と記しています。私たちは自分の思いに照らして、都合の良いことと悪いことを区別しがちです。すべてが自己のいのちと気づき、自己を受容できる過程が、阿弥陀如来のはたきで説明できることは、カウンセリングも信心獲得も同じです。浄土真宗の教義とカウンセリング理論は、今、ここに、支援として届いています。

擱筆に当たって、本書刊行のためにご尽力賜った法藏館の和田真雄氏、満田みすず氏はじめ、関係の方々に衷心より御礼申し上げます。

二〇一四年八月

譲　西賢

譲　西賢（ゆずり　さいけん）

1953年岐阜県に生まれる。1975年名古屋大学教育学部教育心理学科卒業。1981年名古屋大学大学院教育学研究科教育心理学専攻博士課程後期課程満了。

現在、真宗大谷派慶円寺住職
　　　真宗大谷派真宗本廟教化教導
　　　岐阜聖徳学園大学教育学部教授
　　　岐阜聖徳学園大学仏教文化研究所所長
　　　臨床心理士・学校心理士

著書　『自分の「心」に気づくとき―カウンセリングの対話から―』『神も仏も同じ心で拝みますか』『今、ここに生きる歓び』（いずれも法藏館）

暮らしに役立つ真宗カウンセリング術

二〇一四年九月二〇日　初版第一刷発行

著　者　譲　西賢

発行者　西村明高

発行所　株式会社　法藏館
　　　　京都市下京区正面通烏丸東入
　　　　郵便番号　六〇〇-八一五三
　　　　電話　〇七五-三四三-〇〇三〇（編集）
　　　　　　　〇七五-三四三-五六五六（営業）

装幀　井上二三夫

印刷　立生株式会社　製本　清水製本所

ISBN 978-4-8318-8731-3 C0015

自分の「心」に気づくとき　カウンセリングの対話から　譲　西賢著　一、六〇〇円

今、ここに生きる歓び　譲　西賢著　一、〇〇〇円

心に響く3分間法話
神も仏も同じ心で拝みますか　譲　西賢著　一、〇〇〇円

心に響く3分間法話
老いて出会うありがたさ　圓日成道著　一、〇〇〇円

心に響く3分間法話
子どもに聞かせたい法話　仏の子を育てる会編　一、〇〇〇円

気軽に読める、5分間法話
暮らしの中の、ちょっと気になる話　和田真雄著　一、〇〇〇円

気軽に読める、5分間法話
何のために法事をするのか　中川專精著　一、〇〇〇円

法藏館　価格税別